AF477185

Esta agenda pertenece a

CALENDARIO ANUAL

	ENERO	FEBRERO	MARZO	ABRIL	MAYO	JUNIO
1	VI	LU	LU	JU	SA	MA
2	SA	MA	MA	VI	DO	MI
3	DO	MI	MI	SA	LU	JU
4	LU	JU	JU	DO	MA	VI
5	MA	VI	VI	LU	MI	SA
6	MI	SA	SA	MA	JU	DO
7	JU	DO	DO	MI	VI	LU
8	VI	LU	LU	JU	SA	MA
9	SA	MA	MA	VI	DO	MI
10	DO	MI	MI	SA	LU	JU
11	LU	JU	JU	DO	MA	VI
12	MA	VI	VI	LU	MI	SA
13	MI	SA	SA	MA	JU	DO
14	JU	DO	DO	MI	VI	LU
15	VI	LU	LU	JU	SA	MA
16	SA	MA	MA	VI	DO	MI
17	DO	MI	MI	SA	LU	JU
18	LU	JU	JU	DO	MA	VI
19	MA	VI	VI	LU	MI	SA
20	MI	SA	SA	MA	JU	DO
21	JU	DO	DO	MI	VI	LU
22	VI	LU	LU	JU	SA	MA
23	SA	MA	MA	VI	DO	MI
24	DO	MI	MI	SA	LU	JU
25	LU	JU	JU	DO	MA	VI
26	MA	VI	VI	LU	MI	SA
27	MI	SA	SA	MA	JU	DO
28	JU	DO	DO	MI	VI	LU
29	VI		LU	JU	SA	MA
30	SA		MA	VI	DO	MI
31	DO		MI		LU	

2021

JULIO	AGOSTO	SEPTIEMBRE	OCTUBRE	NOVIEMBRE	DICIEMBRE	
JU	DO	MI	VI	LU	MI	1
VI	LU	JU	SA	MA	JU	2
SA	MA	VI	DO	MI	VI	3
DO	MI	SA	LU	JU	SA	4
LU	JU	DO	MA	VI	DO	5
MA	VI	LU	MI	SA	LU	6
MI	SA	MA	JU	DO	MA	7
JU	DO	MI	VI	LU	MI	8
VI	LU	JU	SA	MA	JU	9
SA	MA	VI	DO	MI	VI	10
DO	MI	SA	LU	JU	SA	11
LU	JU	DO	MA	VI	DO	12
MA	VI	LU	MI	SA	LU	13
MI	SA	MA	JU	DO	MA	14
JU	DO	MI	VI	LU	MI	15
VI	LU	JU	SA	MA	JU	16
SA	MA	VI	DO	MI	VI	17
DO	MI	SA	LU	JU	SA	18
LU	JU	DO	MA	VI	DO	19
MA	VI	LU	MI	SA	LU	20
MI	SA	MA	JU	DO	MA	21
JU	DO	MI	VI	LU	MI	22
VI	LU	JU	SA	MA	JU	23
SA	MA	VI	DO	MI	VI	24
DO	MI	SA	LU	JU	SA	25
LU	JU	DO	MA	VI	DO	26
MA	VI	LU	MI	SA	LU	27
MI	SA	MA	JU	DO	MA	28
JU	DO	MI	VI	LU	MI	29
VI	LU	JU	SA	MA	JU	30
SA	MA		DO		VI	31

CALENDARIO ANUAL

	ENERO	FEBRERO	MARZO	ABRIL	MAYO	JUNIO
1	SA	MA	MA	VI	DO	MI
2	DO	MI	MI	SA	LU	JU
3	LU	JU	JU	DO	MA	VI
4	MA	VI	VI	LU	MI	SA
5	MI	SA	SA	MA	JU	DO
6	JU	DO	DO	MI	VI	LU
7	VI	LU	LU	JU	SA	MA
8	SA	MA	MA	VI	DO	MI
9	DO	MI	MI	SA	LU	JU
10	LU	JU	JU	DO	MA	VI
11	MA	VI	VI	LU	MI	SA
12	MI	SA	SA	MA	JU	DO
13	JU	DO	DO	MI	VI	LU
14	VI	LU	LU	JU	SA	MA
15	SA	MA	MA	VI	DO	MI
16	DO	MI	MI	SA	LU	JU
17	LU	JU	JU	DO	MA	VI
18	MA	VI	VI	LU	MI	SA
19	MI	SA	SA	MA	JU	DO
20	JU	DO	DO	MI	VI	LU
21	VI	LU	LU	JU	SA	MA
22	SA	MA	MA	VI	DO	MI
23	DO	MI	MI	SA	LU	JU
24	LU	JU	JU	DO	MA	VI
25	MA	VI	VI	LU	MI	SA
26	MI	SA	SA	MA	JU	DO
27	JU	DO	DO	MI	VI	LU
28	VI	LU	LU	JU	SA	MA
29	SA		MA	VI	DO	MI
30	DO		MI	SA	LU	JU
31	LU		JU		MA	

2022

JULIO	AGOSTO	SEPTIEMBRE	OCTUBRE	NOVIEMBRE	DICIEMBRE	
VI	LU	JU	SA	MA	JU	1
SA	MA	VI	DO	MI	VI	2
DO	MI	SA	LU	JU	SA	3
LU	JU	DO	MA	VI	DO	4
MA	VI	LU	MI	SA	LU	5
MI	SA	MA	JU	DO	MA	6
JU	DO	MI	VI	LU	MI	7
VI	LU	JU	SA	MA	JU	8
SA	MA	VI	DO	MI	VI	9
DO	MI	SA	LU	JU	SA	10
LU	JU	DO	MA	VI	DO	11
MA	VI	LU	MI	SA	LU	12
MI	SA	MA	JU	DO	MA	13
JU	DO	MI	VI	LU	MI	14
VI	LU	JU	SA	MA	JU	15
SA	MA	VI	DO	MI	VI	16
DO	MI	SA	LU	JU	SA	17
LU	JU	DO	MA	VI	DO	18
MA	VI	LU	MI	SA	LU	19
MI	SA	MA	JU	DO	MA	20
JU	DO	MI	VI	LU	MI	21
VI	LU	JU	SA	MA	JU	22
SA	MA	VI	DO	MI	VI	23
DO	MI	SA	LU	JU	SA	24
LU	JU	DO	MA	VI	DO	25
MA	VI	LU	MI	SA	LU	26
MI	SA	MA	JU	DO	MA	27
JU	DO	MI	VI	LU	MI	28
VI	LU	JU	SA	MA	JU	29
SA	MA	VI	DO	MI	VI	30
DO	MI		LU		SA	31

28 LUNES

29 MARTES

30 MIÉRCOLES

31 JUEVES

1 VIERNES

2 SÁBADO

3 DOMINGO

Notas

Tareas

○
○
○
○
○
○
○
○
○
○
○
○
○

L	M	X	J	V	S	D
				1	2	3
4	5	6	7	8	9	10
11	12	13	14	15	16	17
18	19	20	21	22	23	24
25	26	27	28	29	30	31

4 LUNES

5 MARTES

6 MIÉRCOLES

7 JUEVES

8 VIERNES

9 SÁBADO

10 DOMINGO

Notas

Tareas

- ○
- ○
- ○
- ○
- ○
- ○
- ○
- ○
- ○
- ○
- ○
- ○
- ○

L	M	X	J	V	S	D
				1	2	3
4	5	6	7	8	9	10
11	12	13	14	15	16	17
18	19	20	21	22	23	24
25	26	27	28	29	30	31

11 LUNES

12 MARTES

13 MIÉRCOLES

14 JUEVES

ENERO

SEMANA 2

15 VIERNES

16 SÁBADO

17 DOMINGO

Notas

tareas

L	M	X	J	V	S	D
				1	2	3
4	5	6	7	8	9	10
11	12	13	14	15	16	17
18	19	20	21	22	23	24
25	26	27	28	29	30	31

18 LUNES

19 MARTES

20 MIÉRCOLES

21 JUEVES

22 VIERNES

23 SÁBADO

24 DOMINGO

Notas

Tareas

L	M	X	J	V	S	D
				1	2	3
4	5	6	7	8	9	10
11	12	13	14	15	16	17
18	19	20	21	22	23	24
25	26	27	28	29	30	31

25 LUNES

26 MARTES

27 MIÉRCOLES

28 JUEVES

29 VIERNES

30 SÁBADO

31 DOMINGO

Notas

Tareas

L	M	X	J	V	S	D
				1	2	3
4	5	6	7	8	9	10
11	12	13	14	15	16	17
18	19	20	21	22	23	24
25	26	27	28	29	30	31

1 LUNES

2 MARTES

3 MIÉRCOLES

4 JUEVES

5 VIERNES

6 SÁBADO

7 DOMINGO

Notas

Tareas

○
○
○
○
○
○
○
○
○
○
○
○
○

L	M	X	J	V	S	D
1	2	3	4	5	6	7
8	9	10	11	12	13	14
15	16	17	18	19	20	21
22	23	24	25	26	27	28

8 LUNES

9 MARTES

10 MIÉRCOLES

11 JUEVES

FEBRERO

12 VIERNES

13 SÁBADO

SEMANA 6

14 DOMINGO

Notas

Tareas

○
○
○
○
○
○
○
○
○
○
○
○
○

L	M	X	J	V	S	D
1	2	3	4	5	6	7
8	9	10	11	12	13	14
15	16	17	18	19	20	21
22	23	24	25	26	27	28

15 LUNES

16 MARTES

17 MIÉRCOLES

18 JUEVES

19 VIERNES

20 SÁBADO

21 DOMINGO

Notas

Tareas

- ○
- ○
- ○
- ○
- ○
- ○
- ○
- ○
- ○
- ○
- ○
- ○
- ○

L	M	X	J	V	S	D
1	2	3	4	5	6	7
8	9	10	11	12	13	14
15	16	17	18	19	20	21
22	23	24	25	26	27	28

22 LUNES

23 MARTES

24 MIÉRCOLES

25 JUEVES

26 VIERNES

27 SÁBADO

28 DOMINGO

Notas

Tareas

- ○
- ○
- ○
- ○
- ○
- ○
- ○
- ○
- ○
- ○
- ○
- ○
- ○

L	M	X	J	V	S	D
1	2	3	4	5	6	7
8	9	10	11	12	13	14
15	16	17	18	19	20	21
22	23	24	25	26	27	28

1 LUNES

2 MARTES

3 MIÉRCOLES

4 JUEVES

5 VIERNES

6 SÁBADO

7 DOMINGO

Notas

Tareas

○
○
○
○
○
○
○
○
○
○
○
○
○

L	M	X	J	V	S	D
1	2	3	4	5	6	7
8	9	10	11	12	13	14
15	16	17	18	19	20	21
22	23	24	25	26	27	28
29	30	31				

8 LUNES

9 MARTES

10 MIÉRCOLES

11 JUEVES

12 VIERNES

13 SÁBADO

14 DOMINGO

Notas

Tareas

○
○
○
○
○
○
○
○
○
○
○
○
○

L	M	X	J	V	S	D
1	2	3	4	5	6	7
8	9	10	11	12	13	14
15	16	17	18	19	20	21
22	23	24	25	26	27	28
29	30	31				

15 LUNES

16 MARTES

17 MIÉRCOLES

18 JUEVES

MARZO

SEMANA 11

19 VIERNES

20 SÁBADO

21 DOMINGO

Notas

Tareas

○
○
○
○
○
○
○
○
○
○
○
○
○

L	M	X	J	V	S	D
1	2	3	4	5	6	7
8	9	10	11	12	13	14
15	16	17	18	19	20	21
22	23	24	25	26	27	28
29	30	31				

22 LUNES

23 MARTES

24 MIÉRCOLES

25 JUEVES

26 VIERNES

27 SÁBADO

28 DOMINGO

Notas

Tareas

○
○
○
○
○
○
○
○
○
○
○
○
○

L	M	X	J	V	S	D
1	2	3	4	5	6	7
8	9	10	11	12	13	14
15	16	17	18	19	20	21
22	23	24	25	26	27	28
29	30	31				

29 LUNES

30 MARTES

31 MIÉRCOLES

1 JUEVES

ABRIL

SEMANA 13

2 VIERNES

3 SÁBADO

4 DOMINGO

Notas

Tareas

L	M	X	J	V	S	D
			1	2	3	4
5	6	7	8	9	10	11
12	13	14	15	16	17	18
19	20	21	22	23	24	25
26	27	28	29	30		

5 LUNES

6 MARTES

7 MIÉRCOLES

8 JUEVES

ABRIL

SEMANA 14

9 VIERNES

10 SÁBADO

11 DOMINGO

Notas

Tareas

○
○
○
○
○
○
○
○
○
○
○
○
○

L	M	X	J	V	S	D
			1	2	3	4
5	6	7	8	9	10	11
12	13	14	15	16	17	18
19	20	21	22	23	24	25
26	27	28	29	30		

12 LUNES

13 MARTES

14 MIÉRCOLES

15 JUEVES

16 VIERNES

17 SÁBADO

18 DOMINGO

Notas

Tareas

○
○
○
○
○
○
○
○
○
○
○
○
○

L	M	X	J	V	S	D
			1	2	3	4
5	6	7	8	9	10	11
12	13	14	15	16	17	18
19	20	21	22	23	24	25
26	27	28	29	30		

19 LUNES

20 MARTES

21 MIÉRCOLES

22 JUEVES

23 VIERNES

24 SÁBADO

25 DOMINGO

Notas

Tareas

○
○
○
○
○
○
○
○
○
○
○
○
○

L	M	X	J	V	S	D
			1	2	3	4
5	6	7	8	9	10	11
12	13	14	15	16	17	18
19	20	21	22	23	24	25
26	27	28	29	30		

26 LUNES

27 MARTES

28 MIÉRCOLES

29 JUEVES

30 VIERNES

1 SÁBADO

2 DOMINGO

Notas

Tareas

○
○
○
○
○
○
○
○
○
○
○
○
○

L	M	X	J	V	S	D
			1	2	3	4
5	6	7	8	9	10	11
12	13	14	15	16	17	18
19	20	21	22	23	24	25
26	27	28	29	30		

3 LUNES

4 MARTES

5 MIÉRCOLES

6 JUEVES

7 VIERNES

8 SÁBADO

9 DOMINGO

Notas

Tareas

L	M	X	J	V	S	D
					1	2
3	4	5	6	7	8	9
10	11	12	13	14	15	16
17	18	19	20	21	22	23
24	25	26	27	28	29	30
31						

10 LUNES

11 MARTES

12 MIÉRCOLES

13 JUEVES

14 VIERNES

15 SÁBADO

16 DOMINGO

Notas

Tareas

L	M	X	J	V	S	D
					1	2
3	4	5	6	7	8	9
10	11	12	13	14	15	16
17	18	19	20	21	22	23
24	25	26	27	28	29	30
31						

17 LUNES

18 MARTES

19 MIÉRCOLES

20 JUEVES

21 VIERNES

22 SÁBADO

23 DOMINGO

Notas

Tareas

○
○
○
○
○
○
○
○
○
○
○
○
○

L	M	X	J	V	S	D
					1	2
3	4	5	6	7	8	9
10	11	12	13	14	15	16
17	18	19	20	21	22	23
24	25	26	27	28	29	30
31						

24 LUNES

25 MARTES

26 MIÉRCOLES

27 JUEVES

28 VIERNES

29 SÁBADO

30 DOMINGO

Notas

Tareas

L	M	X	J	V	S	D
					1	2
3	4	5	6	7	8	9
10	11	12	13	14	15	16
17	18	19	20	21	22	23
24	25	26	27	28	29	30
31						

31 LUNES

1 MARTES

2 MIÉRCOLES

3 JUEVES

4 VIERNES

5 SÁBADO

6 DOMINGO

Notas

Tareas

○
○
○
○
○
○
○
○
○
○
○
○
○

L	M	X	J	V	S	D
	1	2	3	4	5	6
7	8	9	10	11	12	13
14	15	16	17	18	19	20
21	22	23	24	25	26	27
28	29	30				

7 LUNES

8 MARTES

9 MIÉRCOLES

10 JUEVES

11 VIERNES

12 SÁBADO

13 DOMINGO

Notas

Tareas

L	M	X	J	V	S	D
	1	2	3	4	5	6
7	8	9	10	11	12	13
14	15	16	17	18	19	20
21	22	23	24	25	26	27
28	29	30				

14 LUNES

15 MARTES

16 MIÉRCOLES

17 JUEVES

18 VIERNES

19 SÁBADO

20 DOMINGO

Notas

Tareas

○
○
○
○
○
○
○
○
○
○
○
○
○

L	M	X	J	V	S	D
	1	2	3	4	5	6
7	8	9	10	11	12	13
14	15	16	17	18	19	20
21	22	23	24	25	26	27
28	29	30				

21 LUNES

22 MARTES

23 MIÉRCOLES

24 JUEVES

25 VIERNES

26 SÁBADO

27 DOMINGO

Notas

Tareas

- ○
- ○
- ○
- ○
- ○
- ○
- ○
- ○
- ○
- ○
- ○
- ○
- ○

L	M	X	J	V	S	D
	1	2	3	4	5	6
7	8	9	10	11	12	13
14	15	16	17	18	19	20
21	22	23	24	25	26	27
28	29	30				

28 LUNES

29 MARTES

30 MIÉRCOLES

1 JUEVES

2 VIERNES

3 SÁBADO

4 DOMINGO

Notas

Tareas

L	M	X	J	V	S	D
			1	2	3	4
5	6	7	8	9	10	11
12	13	14	15	16	17	18
19	20	21	22	23	24	25
26	27	28	29	30	31	

5 LUNES

6 MARTES

7 MIÉRCOLES

8 JUEVES

JULIO

SEMANA 27

9 VIERNES

10 SÁBADO

11 DOMINGO

Notas

Tareas

○
○
○
○
○
○
○
○
○
○
○
○
○

L	M	X	J	V	S	D
			1	2	3	4
5	6	7	8	9	10	11
12	13	14	15	16	17	18
19	20	21	22	23	24	25
26	27	28	29	30	31	

12 LUNES

13 MARTES

14 MIÉRCOLES

15 JUEVES

16 VIERNES

17 SÁBADO

18 DOMINGO

Notas

Tareas

○
○
○
○
○
○
○
○
○
○
○
○
○

L	M	X	J	V	S	D
			1	2	3	4
5	6	7	8	9	10	11
12	13	14	15	16	17	18
19	20	21	22	23	24	25
26	27	28	29	30	31	

19 LUNES

20 MARTES

21 MIÉRCOLES

22 JUEVES

23 VIERNES

24 SÁBADO

25 DOMINGO

Notas

Tareas

L	M	X	J	V	S	D
			1	2	3	4
5	6	7	8	9	10	11
12	13	14	15	16	17	18
19	20	21	22	23	24	25
26	27	28	29	30	31	

26 LUNES

27 MARTES

28 MIÉRCOLES

29 JUEVES

JULIO

SEMANA 30

30 VIERNES

31 SÁBADO

1 DOMINGO

Notas

Tareas

L	M	X	J	V	S	D
			1	2	3	4
5	6	7	8	9	10	11
12	13	14	15	16	17	18
19	20	21	22	23	24	25
26	27	28	29	30	31	

2 LUNES

3 MARTES

4 MIÉRCOLES

5 JUEVES

6 VIERNES

7 SÁBADO

8 DOMINGO

Notas

Tareas

○
○
○
○
○
○
○
○
○
○
○
○
○

L	M	X	J	V	S	D
						1
2	3	4	5	6	7	8
9	10	11	12	13	14	15
16	17	18	19	20	21	22
23	24	25	26	27	28	29
30	31					

9 LUNES

10 MARTES

11 MIÉRCOLES

12 JUEVES

AGOSTO

SEMANA 32

13 VIERNES

14 SÁBADO

15 DOMINGO

Notas

Tareas

L	M	X	J	V	S	D
						1
2	3	4	5	6	7	8
9	10	11	12	13	14	15
16	17	18	19	20	21	22
23	24	25	26	27	28	29
30	31					

16 LUNES

17 MARTES

18 MIÉRCOLES

19 JUEVES

20 VIERNES

21 SÁBADO

22 DOMINGO

Notas

Tareas

○
○
○
○
○
○
○
○
○
○
○
○
○

L	M	X	J	V	S	D
						1
2	3	4	5	6	7	8
9	10	11	12	13	14	15
16	17	18	19	20	21	22
23	24	25	26	27	28	29
30	31					

23 LUNES

24 MARTES

25 MIÉRCOLES

26 JUEVES

27 VIERNES

28 SÁBADO

29 DOMINGO

Notas

Tareas

L	M	X	J	V	S	D
						1
2	3	4	5	6	7	8
9	10	11	12	13	14	15
16	17	18	19	20	21	22
23	24	25	26	27	28	29
30	31					

30 LUNES

31 MARTES

1 MIÉRCOLES

2 JUEVES

SEPTIEMBRE

SEMANA 35

3 VIERNES

4 SÁBADO

5 DOMINGO

Notas

Tareas

○
○
○
○
○
○
○
○
○
○
○
○
○

L	M	X	J	V	S	D
		1	2	3	4	5
6	7	8	9	10	11	12
13	14	15	16	17	18	19
20	21	22	23	24	25	26
27	28	29	30			

6 LUNES

7 MARTES

8 MIÉRCOLES

9 JUEVES

SEPTIEMBRE

SEMANA 36

10 VIERNES

11 SÁBADO

12 DOMINGO

Notas

Tareas

○
○
○
○
○
○
○
○
○
○
○
○
○

L	M	X	J	V	S	D
		1	2	3	4	5
6	7	8	9	10	11	12
13	14	15	16	17	18	19
20	21	22	23	24	25	26
27	28	29	30			

13 LUNES

14 MARTES

15 MIÉRCOLES

16 JUEVES

SEPTIEMBRE

SEMANA 37

17 VIERNES

18 SÁBADO

19 DOMINGO

Notas

Tareas

○
○
○
○
○
○
○
○
○
○
○
○
○

L	M	X	J	V	S	D
		1	2	3	4	5
6	7	8	9	10	11	12
13	14	15	16	17	18	19
20	21	22	23	24	25	26
27	28	29	30			

20 LUNES

21 MARTES

22 MIÉRCOLES

23 JUEVES

24 VIERNES

25 SÁBADO

26 DOMINGO

Notas

Tareas

○
○
○
○
○
○
○
○
○
○
○
○
○

L	M	X	J	V	S	D
		1	2	3	4	5
6	7	8	9	10	11	12
13	14	15	16	17	18	19
20	21	22	23	24	25	26
27	28	29	30			

27 LUNES

28 MARTES

29 MIÉRCOLES

30 JUEVES

1 VIERNES

2 SÁBADO

3 DOMINGO

Notas

Tareas

○
○
○
○
○
○
○
○
○
○
○
○
○

L	M	X	J	V	S	D
				1	2	3
4	5	6	7	8	9	10
11	12	13	14	15	16	17
18	19	20	21	22	23	24
25	26	27	28	29	30	31

4 LUNES

5 MARTES

6 MIÉRCOLES

7 JUEVES

OCTUBRE

SEMANA 40

8 VIERNES

9 SÁBADO

10 DOMINGO

Notas

Tareas

L	M	X	J	V	S	D
				1	2	3
4	5	6	7	8	9	10
11	12	13	14	15	16	17
18	19	20	21	22	23	24
25	26	27	28	29	30	31

11 LUNES

12 MARTES

13 MIÉRCOLES

14 JUEVES

15 VIERNES

16 SÁBADO

17 DOMINGO

Notas

Tareas

L	M	X	J	V	S	D
				1	2	3
4	5	6	7	8	9	10
11	12	13	14	15	16	17
18	19	20	21	22	23	24
25	26	27	28	29	30	31

18 LUNES

19 MARTES

20 MIÉRCOLES

21 JUEVES

22 VIERNES

23 SÁBADO

24 DOMINGO

Notas

Tareas

L	M	X	J	V	S	D
				1	2	3
4	5	6	7	8	9	10
11	12	13	14	15	16	17
18	19	20	21	22	23	24
25	26	27	28	29	30	31

25 LUNES

26 MARTES

27 MIÉRCOLES

28 JUEVES

OCTUBRE

SEMANA 43

29 VIERNES

30 SÁBADO

31 DOMINGO

Notas

Tareas

○
○
○
○
○
○
○
○
○
○
○
○
○

L	M	X	J	V	S	D
				1	2	3
4	5	6	7	8	9	10
11	12	13	14	15	16	17
18	19	20	21	22	23	24
25	26	27	28	29	30	31

1 LUNES

2 MARTES

3 MIÉRCOLES

4 JUEVES

5 VIERNES

6 SÁBADO

7 DOMINGO

Notas

Tareas

L	M	X	J	V	S	D
1	2	3	4	5	6	7
8	9	10	11	12	13	14
15	16	17	18	19	20	21
22	23	24	25	26	27	28
29	30					

8 LUNES

9 MARTES

10 MIÉRCOLES

11 JUEVES

12 VIERNES

13 SÁBADO

14 DOMINGO

Notas

Tareas

L	M	X	J	V	S	D
1	2	3	4	5	6	7
8	9	10	11	12	13	14
15	16	17	18	19	20	21
22	23	24	25	26	27	28
29	30					

15 LUNES

16 MARTES

17 MIÉRCOLES

18 JUEVES

19 VIERNES

20 SÁBADO

21 DOMINGO

Notas

Tareas

○
○
○
○
○
○
○
○
○
○
○
○
○

L	M	X	J	V	S	D
1	2	3	4	5	6	7
8	9	10	11	12	13	14
15	16	17	18	19	20	21
22	23	24	25	26	27	28
29	30					

22 LUNES

23 MARTES

24 MIÉRCOLES

25 JUEVES

26 VIERNES

27 SÁBADO

28 DOMINGO

Notas

Tareas

L	M	X	J	V	S	D
		1	2	3	4	5
6	7	8	9	10	11	12
13	14	15	16	17	18	19
20	21	22	23	24	25	26
27	28	29	30	31		

29 LUNES

30 MARTES

1 MIÉRCOLES

2 JUEVES

DICIEMBRE

SEMANA 48

3 VIERNES

4 SÁBADO

5 DOMINGO

Notas

Tareas

○
○
○
○
○
○
○
○
○
○
○
○
○

L	M	X	J	V	S	D
		1	2	3	4	5
6	7	8	9	10	11	12
13	14	15	16	17	18	19
20	21	22	23	24	25	26
27	28	29	30	31		

6 LUNES

7 MARTES

8 MIÉRCOLES

9 JUEVES

10 VIERNES

11 SÁBADO

12 DOMINGO

Notas

Tareas

L	M	X	J	V	S	D
		1	2	3	4	5
6	7	8	9	10	11	12
13	14	15	16	17	18	19
20	21	22	23	24	25	26
27	28	29	30	31		

13 LUNES

14 MARTES

15 MIÉRCOLES

16 JUEVES

DICIEMBRE

SEMANA 50

17 VIERNES

18 SÁBADO

19 DOMINGO

Notas

Tareas

○
○
○
○
○
○
○
○
○
○
○
○
○

L	M	X	J	V	S	D
		1	2	3	4	5
6	7	8	9	10	11	12
13	14	15	16	17	18	19
20	21	22	23	24	25	26
27	28	29	30	31		

20 LUNES

21 MARTES

22 MIÉRCOLES

23 JUEVES

24 VIERNES

25 SÁBADO

26 DOMINGO

Notas

Tareas

L	M	X	J	V	S	D
		1	2	3	4	5
6	7	8	9	10	11	12
13	14	15	16	17	18	19
20	21	22	23	24	25	26
27	28	29	30	31		

27 LUNES

28 MARTES

29 MIÉRCOLES

30 JUEVES

31 VIERNES

1 SÁBADO

2 DOMINGO

Notas

Tareas

○
○
○
○
○
○
○
○
○
○
○
○
○

L	M	X	J	V	S	D
		1	2	3	4	5
6	7	8	9	10	11	12
13	14	15	16	17	18	19
20	21	22	23	24	25	26
27	28	29	30	31		

LUNES	MARTES	MIÉRCOLES	JUEVES
28	29	30	31
4	5	6	7
11	12	13	14
18	19	20	21
25	26	27	28

VIERNES	SÁBADO	DOMINGO
1	2	3
8	9	10
15	16	17
22	23	24
29	30	31

LUNES	MARTES	MIÉRCOLES	JUEVES
1	2	3	4
8	9	10	11
15	16	17	18
22	23	24	25
1	2	3	4

FEBRERO

VIERNES	SÁBADO	DOMINGO
5	6	7
12	13	14
19	20	21
26	27	28
5	6	7

LUNES	MARTES	MIÉRCOLES	JUEVES
1	2	3	4
8	9	10	11
15	16	17	18
22	23	24	25
29	30	31	1

MARZO

VIERNES	SÁBADO	DOMINGO
5	6	7
12	13	14
19	20	21
26	27	28
2	3	4

LUNES	MARTES	MIÉRCOLES	JUEVES
29	30	31	1
5	6	7	8
12	13	14	15
19	20	21	22
26	27	28	29

ABRIL

VIERNES	SÁBADO	DOMINGO
2	3	4
9	10	11
16	17	18
23	24	25
30	1	2

LUNES	MARTES	MIÉRCOLES	JUEVES
26	27	28	29
3	4	5	6
10	11	12	13
17	18	19	20
24 / 31	25	26	27

MAYO

VIERNES	SÁBADO	DOMINGO
30	1	2
7	8	9
14	15	16
21	22	23
28	29	30

LUNES	MARTES	MIÉRCOLES	JUEVES
31	1	2	3
7	8	9	10
14	15	16	17
21	22	23	24
28	29	30	1

JUNIO

VIERNES	SÁBADO	DOMINGO
4	5	6
11	12	13
18	19	20
25	26	27
2	3	4

LUNES	MARTES	MIÉRCOLES	JUEVES
28	29	30	1
5	6	7	8
12	13	14	15
19	20	21	22
26	27	28	29

JULIO

VIERNES	SÁBADO	DOMINGO
2	3	4
9	10	11
16	17	18
23	24	25
30	31	

LUNES	MARTES	MIÉRCOLES	JUEVES
26	27	28	29
2	3	4	5
9	10	11	12
16	17	18	19
23 / 30	24 / 31	25	26

AGOSTO

VIERNES	SÁBADO	DOMINGO
30	31	1
6	7	8
13	14	15
20	21	22
27	28	29

LUNES	MARTES	MIÉRCOLES	JUEVES
30	31	1	2
6	7	8	9
13	14	15	16
20	21	22	23
27	28	29	30

SEPTIEMBRE

VIERNES	SÁBADO	DOMINGO
3	4	5
10	11	12
17	18	19
24	25	26
1	2	3

LUNES	MARTES	MIÉRCOLES	JUEVES
27	28	29	30
4	5	6	7
11	12	13	14
18	19	20	21
25	26	27	28

OCTUBRE

VIERNES	SÁBADO	DOMINGO
1	2	3
8	9	10
15	16	17
22	23	24
29	30	31

LUNES	MARTES	MIÉRCOLES	JUEVES
1	2	3	4
8	9	10	11
15	16	17	18
22	23	24	25
29	30	1	2

NOVIEMBRE

VIERNES	SÁBADO	DOMINGO
5	6	7
12	13	14
19	20	21
26	27	28
3	4	5

LUNES	MARTES	MIÉRCOLES	JUEVES
29	30	1	2
6	7	8	9
13	14	15	16
20	21	22	23
27	28	29	30

DICIEMBRE

VIERNES	SÁBADO	DOMINGO
3	4	5
10	11	12
17	18	19
24	25	26
31	1	2

🕘	LU	MA	MI	JU	VI	SA	DO

HORARIO SEMANAL

	LU	MA	MI	JU	VI	SA	DO

NOTAS

NOTAS

NOTAS

NOTAS

NOTAS

NOTAS

NOTAS

NOTAS

NOTAS

@

@

@

@

@

@

@

@

@

@

@

@

@

@

@

@

CONTACTOS

@

@

@

@

@

@

@

@

@

@

@

@

@

@

@

@

CONTACTOS

@

@

@

@

@

@

@

@

@

@

@

@

@

@

@

@

CONTACTOS

www.ingramcontent.com/pod-product-compliance
Lightning Source LLC
LaVergne TN
LVHW080853240726
843527LV00053B/324

9783947808830